Gene Edwards

DER GEFANGENE IN ZELLE 3

Gene Edwards

# Der Gefangene in Zelle 3

LEUCHTER EDITION

Leuchter Edition · Erzhausen

Titel der Originalausgabe: The Prisoner in the Third Cell
Translated by permission of Tyndale House Publishers


Übersetzung aus dem Englischen: Marcus Weber
Lektorat: Anett Reschke und Ingo Schreurs
Umschlaggestaltung: Bernd Scheurer
Gesamtherstellung: Schönbach-Druck GmbH

ISBN: 3-87482-222-2
Bestell-Nr.: 547.222



Leuchter Edition GmbH
Postfach 1161 · 64386 Erzhausen
Fon: (0 61 50) 97 36 - 0
Fax: (0 61 50) 97 36 - 36
leuchter-edition@bfp.de

## VORWORT

Liebe Leserin, lieber Leser,

in den Jahren meines Dienstes ist mir immer mehr bewusst geworden, wie verbreitet das Bedürfnis nach einem tieferen, vom Heiligen Geist erfüllten Leben ist. Diesem Bedürfnis zu begegnen ist die Absicht, die sich durch alle meine Bücher zieht. Für die deutschen Ausgaben meiner Bücher ist es mir eine Freude, mit der Leuchter Edition zusammenzuarbeiten, einem Verlagshaus, das sich seit seinem Bestehen der Aufgabe gewidmet hat, mit Literatur den geistlichen Bedürfnissen der Menschen im deutschsprachigen Raum zu begegnen.

Wir veröffentlichen das vorliegende Buch „Der Gefangene in Zelle 3" mit der Hoffnung und Erwartung, dass es dazu beitragen wird, vielen Lesern zu einer vertieften Beziehung zu Gott und einem besseren Verständnis Seiner Worte zu verhelfen. Ich hoffe, dass die Bücher, die Leuchter Edition und ich in der Zukunft gemeinsam herausgeben werden, zu dem Besten zählen werden, was im Bereich der christlichen Literatur zu finden ist.

Gene Edwards

*Viele Menschen sind der Ansicht, dass es unmöglich sei, einem Menschen zu vergeben, der dich bewusst verletzt, mit der klaren Absicht, dich zu erniedrigen oder gar zu zerstören.*

*Wenn das stimmt, dann gibt es nur eine Hoffnung: Nimm diese Ungerechtigkeit als etwas, das Gott zugelassen hat, mit dem Ziel, deine Persönlichkeit über das hinauszuheben, was du bis dahin warst.*

## PROLOG

„Der neue Gefangene ist eingetroffen, Hauptmann."

„Stimmt das Gerücht?", erwiderte der Hauptmann.

Wortlos überreichte der Wächter Protheus ein Stück Papyrus.

„Herodes hat seinen Verstand verloren. Er ist jetzt schon so verrückt wie sein Vater. *Diesen* Mann gefangen zu nehmen", fuhr er fort, „kann sehr leicht eine Revolution auslösen. Das Volk ist aufgebracht."

„Herr, vergebt mir, aber ich kann dazu nicht schweigen. Die Sache gefällt mir nicht", sagte einer der Wächter mit vor Erregung zitternder Stimme. „Ich möchte ihn nicht hier haben. Ich will nicht, dass sein Blut an meinen Händen klebt. Ich fürchte diesen Mann. Draußen in der Wüste habe ich ihn reden hören. Und ich habe Angst davor, dass Gott uns für seine Verhaftung bestrafen wird."

„Tue deine Pflicht, Soldat. Bereite eine Zelle vor."

„Nur eine steht leer, Herr."

„Dann bereite sie vor."

„Da gibt es nichts vorzubereiten, Herr. Es ist Zelle 3."

„Das Loch? *Da* sollen wir einen heiligen Mann Gottes hineinstecken?"

„Herr, es gibt noch etwas, das mir an der ganzen Angelegenheit überhaupt nicht gefällt."

„Was meinst du, Soldat?"

„Ich mag gar nicht daran denken, was wir von den beiden anderen Gefangenen zu hören bekommen, wenn sie herausfinden, wen wir da in Zelle 3 haben."

„Da kann ich dir nicht widersprechen", seufzte Protheus.

Im selben Moment wurde oben an der Treppe schwungvoll eine Tür geöffnet. Im Eingang zeichnete sich die Silhouette von zwei Soldaten ab, die einen Gefangenen in der Mitte führten.

‚Ich frage mich, wie lange Herodes ihn leben lassen wird', dachte der Hauptmann bei sich.

# TEIL EINS

*Wer das Schwert nimmt,*
*wird durch das Schwert umkommen.*
*Wer sich weigert, das Schwert zu nehmen,*
*wird am Kreuz umkommen.*

## KAPITEL 1

Elisabeth öffnete ihre Haustür, wo sie von einem jungen Verwandten aus Bethlehem begrüßt wurde.

„Ich habe eine dringende Botschaft für dich von Josef und Maria."

„Komm herein", antwortete Elisabeth. In diesem Moment betrat Zacharias den Raum, auf seinen Armen ein etwa dreijähriger Junge.[1]

1 Bei genauer Betrachtung der biblischen Berichte ergibt sich, dass Jesus und Johannes zur Zeit der Flucht nach Ägypten bereits zwei bzw. drei Jahre alt gewesen sein müssen. Zur näheren Begründung empfehlen wir: Andrea Xandry; Die Weihnachtsgeschichte, wie sie in der Bibel steht.

„Ich habe hier eine Botschaft und ein kleines Päckchen, beides von Josef und Maria."

„Bitte", sagte Elisabeth. „Meine Augen können eine solch kleine Schrift schon lange nicht mehr entziffern."

Der junge Mann brach das Wachssiegel der kleinen Rolle, räusperte sich und begann zu lesen:

„Merkwürdige Dinge haben sich in der letzten Zeit ereignet; Ereignisse, die genauso ungewöhnlich sind wie die Umstände, die zur Geburt eures Sohnes und später unseres Sohnes geführt haben. Gerade gestern erst besuchten uns drei Astrologen aus Babylon. Und in der vergangenen Nacht hatte Josef dann einen Traum, einen sehr verwirrenden Traum. Er sah unseren Sohn in großer Gefahr durch den Zorn dieses Monsters, Herodes, den man den Großen nennt. Wir nehmen dies sehr ernst. Darum werden wir Bethlehem noch in dieser Stunde verlassen. Josef und ich gehen nach Ägypten. Dort werden wir bleiben, bis diese schreckliche Gefahr, was auch immer es sein mag, vorbei ist.

Doch nicht nur unser Sohn befindet sich in Gefahr. Wir fürchten auch um Johannes.

Vielleicht geht es sogar um alle kleinen Kinder in Judäa. Elisabeth, wir bitten dich und Zacharias inständig, Judäa sofort zu verlassen. Geht, wohin ihr wollt, doch wir denken, die Wüste ist für euch der nächste und sicherste Zufluchtsort. Mit diesem Brief senden wir euch ein kleines Päckchen. Es ist wohl nötig, dass wir euch zunächst erklären, wie ein armer Zimmermann und seine Frau zu so viel Gold gekommen sind, sonst würdet ihr euch wohl immer Gedanken darüber machen, ob es dabei mit rechten Dingen zugegangen ist. Nun, die babylonischen Sterndeuter haben verschiedene Geschenke mitgebracht. Eines davon war eine Schatulle voller Goldmünzen. Die möchten wir mit euch dreien teilen. Bitte, im Namen unseres Gottes, flieht noch heute aus Judäa. Morgen wird es vielleicht schon zu spät sein. Wir werden versuchen, euch zu einer besseren Zeit wiederzufinden, wenn wir – hoffentlich – aus Ägypten zurückkehren."

Der Brief war von Josef und Maria unterzeichnet.

Zusammen mit dem Brief übergab der junge Mann einen kleinen Lederbeutel, den Zacharias rasch öffnete. In dem Beutel befanden sich tatsächlich einige Goldmünzen. Einen Moment lang sagte niemand ein Wort.

Elisabeth, die das Geschenk kaum beachtete, brach das Schweigen. „Ich bin wegen Herodes nicht überrascht. Das sieht dem Feind Gottes ähnlich, so etwas zu tun. Wir müssen sofort weg von hier."

Zacharias wandte sich an den jungen Kurier.

„Geh. Und erzähle niemandem davon." Auf diese knappen Worte hin neigte der Junge respektvoll den Kopf und verschwand.

„Du hast Recht, Elisabeth. Wir müssen sofort hinaus in die Wüste."

„Aber wie können wir da draußen überleben? Wenn wir wirklich sicher sein wollen, müssen wir weit hinein in die Wüste. Und kann denn dort draußen überhaupt jemand *überleben?*"

„Elisabeth, es wird für uns alle, um nicht zu viel zu sagen, sehr schwierig werden. Aber die Essener leben auch dort draußen. Sie haben Familien, sie haben Kinder und sie haben Wohnungen dort. Unser Sohn *wird* überleben." Dann lachte Zacharias leise vor sich hin. „Vielleicht werden sogar du und ich dort überleben, zumindest für eine Weile.“

# KAPITEL 2

Die Winde waren tödlich. Die Hitze war schlimmer als alles, was sich Zacharias und Elisabeth je vorgestellt hatten. Die Felswände glühten wie ein Hochofen. Sogar der umherwirbelnde Sand verbrannte das Gesicht und schien alles vernichten zu wollen, was sich in diesen lebenden Schmelztiegel hineinwagte. Das Wasser war knapp, Nahrung gab es nicht. Mehrmals wurde Zacharias wegen der mörderischen Hitze ohnmächtig.

Endlich, nach einer Wochenreise hinein in diese kochende Hölle, erreichten die drei Wanderer eines der Dörfer der Essener. Nach einigen Tagen der Ruhe entschlossen sie sich jedoch, noch tiefer in diesen Ofen aus Sand und Felsen vorzudringen. Schließlich erreichten sie die größte der Essener-Siedlungen.

Die drei wurden von den ernsten Essenern mit freundlicher Zurückhaltung empfangen. Doch schon nach wenigen Wochen wurden das ältere Ehepaar und ihr kleiner Sohn Teil dieser fremdartigen Gemeinschaft von religiösen Stoikern.

Fast unmittelbar nach ihrer Ankunft wurde Zacharias ernsthaft krank. Nirgendwo konnte er den alles durchdringenden Temperaturen in diesem Inferno entfliehen. Der alte Mann wusste, dass sein Tod nur noch eine Frage von Tagen war. In seinen letzten Stunden wurde er von Frauen aus dem Dorf gepflegt, die, voll Mitgefühl, seinen Körper in feuchte Tücher wickelten. Spät in der Nacht, als die Hitze ihren tiefsten Punkt erreicht hatte, übergab Zacharias seinen Geist in die Hände Gottes und ließ eine Witwe mit einem kleinen Kind zurück.

In den darauffolgenden Jahren nahm der junge Johannes seinen Platz unter den Essenern ein und wurde einer von ihnen. Von Anfang an schien es, als wäre der Junge wie geboren für das Gemeinschaftsleben dieser Wüsten-Einsiedelei.

Allmählich zehrte die Hitze der Wüste auch an Elisabeth. Die Älteren konnten in dieser versengten Welt nicht lange überleben. Als

Elisabeths Kraft schwand und ihre Schritte schwerer wurden, kam endlich die Nachricht von Herodes' Tod. Sofort traf sie Vorkehrungen für ihre Rückkehr zu den kühlen Bergen von Judäa. Mit letzter Kraft und der Hilfe von einigen Essenern kehrten sie und ihr Sohn schließlich sicher in ihr Heim in Judäa zurück. Doch nicht lange nach Johannes' zwölftem Geburtstag folgte Elisabeth Zacharias in den Tod. Nun war Johannes elternlos. Elisabeths nächste Verwandten begruben sie nicht weit von der Stelle entfernt, wo sie einst ein Engel besucht und ihr gesagt hatte, dass sie eines der ungewöhnlichsten Kinder zur Welt bringen werde, die diese Welt je gesehen hat.

Wo würde Johannes nun leben, da beide Elternteile tot waren? Wer würde den Jungen zum Mann erziehen? Diese Fragen stellte sich jeder, als Johannes und seine Verwandten in das Haus zurückkamen.

# KAPITEL 3

„Johannes, wir trauern um den Fortgang deiner Mutter.“ Die Stimme gehörte Hannel, einem der hingegebensten Laienprediger Israels. „Dennoch steht eine Entscheidung an. Morgen muss jeder von uns wieder in sein eigenes Haus zurückkehren. Es liegt nun an dir, bei wem du in Zukunft leben willst. Obwohl ich nicht zu deinen nahen Verwandten gehöre, bin ich hergekommen, weil mir deine Hingabe an die hebräische Religion bekannt ist. Ich habe oft mit deiner Mutter über eine Adoption gesprochen, für den Fall, dass die Vorsehung Gottes dies einmal notwendig machen sollte.

Johannes, mir ist völlig klar, wie du dir deine Zukunft vorstellst – dass du eines Tages Gott dienen wirst. Daher bin ich der Ansicht, dass es das Beste für dich ist, wenn du mit mir kommst. Gott war sehr gut zu mir, Johannes. Unser Haus ist ein sehr frommes Haus. Es wird gebetet und gefastet und meine ganze Familie ist Gott hingegeben. Ich besitze sogar einige Rollen der heiligen Schriften. So viel Gunst ist nur wenigen Häusern zuteil geworden.

Ich gelobe dir nun – vor deinen Verwandten –, dass du von den besten Rabbis unterrichtet werden wirst. Ich verspreche dir die bestmögliche religiöse Erziehung. Wir haben ein großes Haus. Es ist sehr komfortabel eingerichtet. Du kannst so viel Zeit, wie du willst, im Gebet verbringen. Du bist völlig frei darin, deiner religiösen Ausbildung nachzugehen, wie es dir beliebt. Wenn du das einundzwanzigste Lebensjahr erreicht hast, kannst du, wenn du möchtest, in den Tempel gehen und dort bei den Pharisäern studieren oder zum Tempelpriester ausgebildet werden. Obwohl du zum Stamm Juda gehörst und kein Levit bist, hättest du die Möglichkeit, jeder der religiösen Ordnungen beizutreten – sogar die levitische Priesterschaft steht dir offen, denn du hast das Nasiräergelübde abgelegt."

Hannel machte eine Pause. Doch Johannes schwieg und zeigte keine noch so kleine Gefühlsregung.

Als nächster ergriff Parnach, ein Cousin von Zacharias, das Wort, ein einflussreicher Mann mit Macht und Reichtum.

„Johannes, es stimmt, dass du möglicherweise dein Nasiräergelübde wirst aufrechterhalten wollen. Auf der anderen Seite kann aber auch der Tag kommen, an dem du dich für eine andere Ausrichtung deines Lebens entscheiden wirst. Wenn du mit mir kommen willst, werde ich dir die beste Erziehung in Israel angedeihen lassen. Ich muss dir nicht erst erklären, welche Position ich in der Regierung innehabe. Ich gehöre den höchsten Kreisen der Macht an. Du wirst unter den einflussreichsten Männern unseres Landes aufwachsen. Einige der bedeutendsten Regierungsmitglieder gehören zu meinen Freunden. Kurz: Ich bekleide einen hohen Rang, genieße großes Ansehen und habe den Zugang zur Macht. Was immer dein Ziel ist; als Angehöriger meines Hauses wirst du der Freund von solchen Männern werden, deren Position und Einfluss dir helfen wird, deine Ziele zu verwirklichen. Ich würde dir dringend empfehlen, mitzukommen und Teil meines Hauses zu werden."

Wieder entgegnete Johannes kein Wort.

Schließlich waren Josef und Maria an der Reihe. Maria sprach.

„Johannes, wir haben dir nur sehr wenig zu bieten. Eigentlich nur die Freundschaft deiner Cousins. Wir sind eine große Familie. Du und mein ältester Sohn, ihr wart schon immer gern zusammen. Aber wenn du mit uns kommst, wirst du in einer Zimmermannswerkstatt arbeiten müssen. Verglichen mit dem, was diese Männer dir angeboten haben, wird es wohl weise sein, mit einem von ihnen zu gehen. Es ist mir fast unangenehm, dich in unser Haus einzuladen. Denn, wie ich schon sagte, wir sind arm. Aber du wirst geliebt werden."

„Ich weiß", antwortete Johannes schließlich. „Wenn ich zwischen Hannel, Parnach und deiner Familie wählen müsste, dann würde ich mich für die letzte Möglichkeit entscheiden."

„Dann wirst du mit uns kommen und bei uns leben?"

„Nein", erwiderte Johannes und blickte ruhig in Marias Gesicht.

Unwillkürlich hielt Maria die Hand vor ihren Mund. „Es sind die Essener, nicht wahr?"

Maria machte eine Pause, und ihr Gesicht drückte aus, dass sie eine klare Antwort erwartete.

„Ja, so ist es. Ich gehöre dorthin."

Es folgte ein Augenblick der Stille.

„Johannes", fuhr Maria fort, „vielleicht weißt du es noch nicht, aber einige Essener-Familien sind nach Nazareth gezogen. Erinnerst du dich an die beiden kleinen Jungen, mit denen du immer gespielt hast ... und, o ja ... und das kleine grünäugige ..."

„Maria", unterbrach sie Johannes mit kräftiger, beinahe strenger Stimme, die eine geradezu erstaunliche Charakterstärke für einen hebräischen Jungen seines Alters verriet. „Ich weiß, was ich zu tun habe. Der Herr hat es mir sehr deutlich gezeigt. Ich werde in die Wüste zurückkehren, und ich werde dort leben." Anschließend wandte Johannes sich an Hannel und Parnach.

„Ich möchte euch beiden für eure freundlichen Angebote danken. Ihr habt euch sehr gütig und fürsorglich gezeigt. Vielen Dank auch, dass ihr euch Gedanken um meine Zukunft gemacht habt. Dennoch weiß ich, wo ich hingehöre. Ich werde in die Wüste zurückkehren."

Noch einmal drehte sich Johannes zu Maria um.

„Du warst die beste Freundin meiner Mutter. Sie hat dich innig geliebt und sprach oft von dir. Trotzdem muss ich diesen Ort sofort verlassen – *allein*. Der Herr hat meinen Vater und meine Mutter zu sich genommen. Nun bin ich völlig ohne Verpflichtungen. Ich habe keine Brüder und Schwestern, keine Großeltern." Johannes hielt inne. „Ihr müsst euch meinetwegen keine Sorgen machen. Obwohl es euch allen vorkommen mag, als sei ich einfach verschwunden, wird es mir doch gut gehen. Gott wird für mich sorgen.

Es gibt nicht vieles, worüber ich heute Gewissheit habe, aber das eine weiß ich, dass ich in der Wüste leben *muss*, bis Gott mir etwas anderes zeigen wird. Und noch eines weiß ich: Draußen bei den Essenern werde ich herausfinden, was Gott von mir erwartet. Die Wüste wird mir die Antwort bringen. Meine Vorbereitung auf Seinen Willen ist nicht die Stadt oder ein Dorf – es ist die Wüste."

Am nächsten Morgen verabschiedete sich ein noch nicht einmal dreizehnjähriger Junge von Parnach und Hannel, von Josef und Maria und von seinem Cousin zweiten Grades, der ein Jahr jünger war als er und den Namen Jesus trug.

## KAPITEL 4

Johannes nahm wieder seinen Platz bei den Essenern ein, doch ohne sich von jemandem adoptieren zu lassen. Er lebte allein. Um seine geringen Bedürfnisse nach Nahrung, Wasser und Kleidung zu befriedigen, arbeitete er mit seinen Händen.

Nicht ein einziges Mal kam Johannes in den folgenden Jahren mit Wein in Berührung. Sein Haar war nie geschnitten worden, es wuchs vom Tag seiner Geburt an. Aber weil es das Einzige in seinem Leben war, das ihn hätte stolz machen können, entschied er sich, die Länge und Schönheit seiner Haare nicht zu beachten.

Viel Zeit verbrachte Johannes im Gebet und Fasten – so viel, dass seine Finger mitunter rot anliefen. Manchmal war er so schwach, dass seine Beine den Körper nicht länger stützen konnten. Es kam vor, dass er ganze Tage und Nächte in ununterbrochenem Gebet war. Dabei versuchte er kaum, seinen Leib vor den rauen Elementen der Wildnis zu schützen.

Enthaltsam war seine Lebensweise; ernst wurde sein Benehmen.

Die Jahre verstrichen und Johannes begann seine Zeit mit Wanderungen durch die Wüste zu verbringen. Dort gerbte die unerbittliche Sonne sein Gesicht und durchzog es mit tiefen Falten. Als er schließlich zum Mann herangereift war, sah der Sohn von Zacharias und Elisabeth sehr viel älter aus, als er tatsächlich war. Für Johannes waren diese Dinge jedoch ein geringer Preis, den er gern zu zahlen bereit war, denn die langen Reisen in die Wüste waren die Zeiten, nach denen er sich wirklich sehnte. Dort konnte er ungestört Stunden mit Gott allein verbringen. Der heulende Wind, die brütende Hitze, die sengende Sonne und der schneidende Sand wurden seine engsten Vertrauten.

Als er das dreißigste Lebensjahr erreicht hatte, das Alter, in dem nach der Überlieferung die heiligen Männer ihre Ausbildung beenden und ihren Dienst beginnen, war Johannes ein Mann, der Gottes Stimme im Wüstenwind hören, Sein

Gesicht in der Sonne sehen und Seine Gegenwart im wehenden Sand spüren konnte. Er war zu einem Geheimnis und einer Legende unter den Essenern geworden. Nur wenige Männer, da waren sich die Essener sicher, hatten je ihr Leben so vorbehaltlos Gott ausgeliefert. Nur sehr wenige Menschen hatten sich so uneingeschränkt von jedem menschlichen Komfort abgewandt, um völlig frei dafür zu sein, den Herrn immer besser kennen zu lernen. In den Augen der Essener und auch bei einigen der Nomadenstämme bestand kein Zweifel darüber, dass da ein Prophet in ihrer Mitte heranwuchs. Die Wüste gebar einen Mann Gottes.

Einen Mann wie Johannes hatte die Welt nur selten gesehen. Seine Hingabe an Gott war ohne jeden Vorbehalt, sein Leben von allem entblößt – außer seiner Berufung, für Gott zu sprechen. Er kannte kein Familienleben, lebte ohne Unterhaltung, ohne Freunde, ohne Begleitung. Nie kreuzte der Gedanke an eine Frau, ein Zuhause oder Kinder seinen Sinn. Alles in ihm war ausschließlich für Gott da. Die Hingabe eines Abraham, eines Mose, eines Elia, eines Elisa oder eines Amos verblasste in der Gegenwart dieses Mannes, dessen ganzes Leben nur auf ein Ziel gerichtet war und dessen einziger Freund und Begleiter sein Herr war.

Nein, nie zuvor hatte die Welt jemanden wie Johannes gesehen, noch war es besonders wahrscheinlich, dass es einen solchen Mann jemals wieder geben würde.

Eines Abends stand er auf den Sandsteinklippen, die das Tote Meer überragten. Als er der brennend roten Sonne nachschaute, die hinter den zerklüfteten Bergen unterging, sprach eine Stimme vom Himmel zu ihm.

„Johannes, die Zeit ist nun erfüllt. Die Bestimmung deines Lebens naht. Geh! Verkünde den Tag des Herrn. Reiß' die Berge nieder, füll' die Täler auf; bereite dem Messias einen Weg. Geh jetzt, Johannes! Blicke weder nach links noch nach rechts. Lass dich durch nichts in deinem Leben hindern. Niemals zuvor hat jemand eine solche Verantwortung getragen wie du in dieser Stunde.

Verkünde das Kommen des Herrn!"

## KAPITEL 5

Die Nomadenkarawanen waren die ersten, die den Wüstenpropheten zu Gesicht bekamen. Ungläubig blickten ihre Augen auf diese ausgemergelte Kreatur. Ihr erster Gedanke war allzu offensichtlich. „Er ist ein Verrückter, der in die Wüste hinausgelaufen ist." Oder etwas wohlwollender: „Die Hitze hat einen der Essener wahnsinnig gemacht."

Offensichtlich war der namenlose Mann ein Jude, doch er trug das Gewand eines unreinen Tieres, des verabscheuten Kamels. Schon bald ging das Gerücht um, dass sein Essen aus Heuschrecken bestünde – eine Nahrung, die nur von den ärmsten, den erbärmlichsten Menschen verzehrt wurde.

Seine äußere Erscheinung stempelte ihn als Irren ab; doch seine Worte wiesen ihn als Propheten aus. Sein wild wallendes Haar reichte beinahe bis zu seinen Knien. Sein Gesicht war das eines alten Mannes, aber seine Stimme donnerte mit der Kraft der Jugend. Seine Augen flackerten wie das brennende Wüstenfeuer.

Die Menschen konnten nicht anders als anzuhalten, zu starren ... und zuzuhören. Seine Stimme schallte klar. Die Worte waren majestätisch und stark, beinahe poetisch. In jedem Wort war Kraft. Dieser Mann spiegelte eine Würde und Echtheit wider, die der menschliche Verstand kaum fassen konnte.

Die Karawanen hielten an und bildeten einen Kreis um den Mann. Jeder wollte hören, was dieser Mann zu sagen hatte.

Und was diese Wüstenreisenden hörten, fand Widerhall in ihren eigenen tiefsten Gefühlen. Gleichzeitig waren seine Worte überführend für jeden Einzelnen von ihnen. Alles, was dieser Mann sagte, war erschütternd. Was er vorhersagte, war undenkbar. Doch noch unglaublicher war, was er forderte. Nicht nur, dass Johannes von seinen Zuhörern eine radikale Umkehr forderte, er forderte sie auch noch an Ort und Stelle, in diesem Augenblick.

Niemand, da waren sie sich sicher, würde diesen Menschen ernst nehmen.

Die Karawanen zogen weiter und andere kamen. Auch sie hielten an und hörten diesem Mann zu. Jede Karawane trug, wenn sie die Wüste verließ, den Bericht über einen Irren oder Propheten dort draußen in der Wüste, der allen predigte, die es wagten anzuhalten, um zuzuhören, weiter zu den Menschen.

„Warum kommt er nicht in die Dörfer, um seine Botschaft zu verkündigen? Weiß er nicht, dass alle anerkannten Propheten auf den Marktplätzen predigen, wo die Menschen sie hören können? Denkt der Narr etwa, die Leute würden in diese brennende Hölle hinausgehen, um ihn zu hören? Welcher Mensch mit klarem Verstand würde sich durch diese wirre Wildnis schlagen, sich der unerbittlichen Sonne aussetzen und einem Mann zuhören, der Forderungen stellt, auf die niemand eingehen wird? Er ist verrückt, ganz klar."

Und dennoch geschah es. Einige in den Karawanen suchten auf ihrer Heimreise den Wüstenpropheten wieder auf. Das einfache Volk in den Dörfern am Rand der Wüste machte sich auf den Weg, um ihn zu hören. Suchende Herzen, leere Seelen, hungrige Geister – verzweifelt in ihrer

Sehnsucht nach etwas, von dem sie wussten, dass sie es nicht besaßen – sie wagten es, ihr leeres Leben in diese unerforschte Einöde zu bringen, um *den Propheten* zu finden.

Am Anfang hörten ihn nur wenige, aber sie kehrten zurück und erzählten ihren Freunden, was sie erlebt hatten. Gerüchte über den Wilden verbreiteten sich über ganz Judäa und Galiläa.

Die Zuhörer kamen zuerst allein oder zu zweit, dann gruppenweise, zu Hunderten und schließlich zu Tausenden. Sie gingen zu Fuß über den brennenden Sand. Ihre Zahl wuchs täglich. Einige geschäftstüchtige Männer organisierten schon bald Karawanenzüge in die Wüste, um diesen Mann zu hören.

Sie alle lauschten seinen Worten. Einige weinten. Andere fielen im Innersten getroffen auf ihre Knie. Viele schrieen mit lauter Stimme nach unverdienter Vergebung. Andere applaudierten. Niemand spottete. Nicht ein kritisches Wort kam aus irgendeinem Mund, zumindest nicht aus der Mitte des einfachen Volkes.

Doch da waren andere, die ihn nie gehört hatten, die in der weit entfernten Stadt

Jerusalem lebten ... *diese* richteten ihn, klagten ihn an und verurteilten ihn ... ohne ihn jemals gesehen oder gehört zu haben. Das Urteil war einfach. Das Übliche. Es wurde über alle Unangepassten jeden Zeitalters verhängt: „Er hat einen Dämon."

Einige kamen und setzten sich geradewegs zu seinen Füßen nieder. Ihre Absicht war klar: Sie wünschten, Johannes' Jünger zu werden. Es wurde ihnen gewährt.

Diese Handvoll Jünger übernahm Johannes' Lebensstil, sie wurden seine ständigen Begleiter. Wie er wurden sie zu asketischen, ernsthaften Menschen ohne leichtfertigen Humor. Wie er trugen sie in ihren Herzen die Last der Sünden Israels. Diese Männer vereinten sich mit Johannes in seiner gigantischen Aufgabe, den Weg für das Kommen des von Gott gesandten Messias vorzubereiten.

Johannes zuzuhören bedeutete, sich auf Überraschungen einzulassen, denn kein Tag war wie der andere. Er sprach jeden Tag zu den Menschen, und jedes Mal sprach er andere Bereiche an, über die sie noch nie jemanden in dieser Weise hatten sprechen hören. Seine Kühnheit und Furchtlosigkeit, alles anzusprechen, auch das, worüber man sonst nicht gerne sprach, erstaunte die Massen *und* seine Jünger.

An einem besonders heißen Tag, als sich die Menge bis zum Horizont zu erstrecken schien, rief Johannes: „Am Tag nach dem nächsten Sabbat werde ich zum Jordan gehen. Dort werde ich alle im Wasser des Jordan untertauchen, die von ihrem bisherigen Leben umgekehrt sind. Ich werde alle untertauchen, die ihr Leben für das Kommen des Herrn bereitmachen."

Dies war der Tag, an dem Johannes einen neuen Namen erhielt; ein Name, der bald durch ganz Israel genannt wurde. Von diesem Tag an kannte man ihn als Johannes den Eintaucher.

# KAPITEL 6

Die Menschen kamen, um Johannes zu hören, weil sie nach etwas suchten, das die tiefe Leere in ihrem Leben füllen konnte.

Händler kamen, taten Buße über ihre Geschäftspraktiken und wurden in dem wundersamen Wasser des Jordan getauft. Soldaten kamen, taten Buße über ihre Brutalität und wurden getauft. Die Kameltreiber kamen, die Bauern, die groben Fischer, Hausfrauen, Frauen mit hohem Ansehen, Straßenmädchen – die unterschiedlichsten Menschen aus allen Bevölkerungsschichten. Und alle, die kamen, so schien es, brachten irgendwelche versteckten Sünden mit, kehrten davon um und verschwanden dann unter der Wasseroberfläche des Jordan.

Jeder Jude wusste, was seit uralten Zeiten die Bedeutung war, wenn ein Mensch in das Wasser dieses besonderen Flusses eingetaucht wurde. Es bedeutete das Ende des vorherigen Lebens, ein völliges Aufhören mit allem, was bisher war. Alle, die auf die Taufe warteten, standen am Ostufer, das zu einem fremdem Land gehörte. Von dort stiegen sie ins Wasser und verschwanden ... um zu sterben. Doch jeder von ihnen tauchte dann wieder aus dem Wasser auf und verließ den Fluss am Westufer – sicher innerhalb der Grenzen des verheißenen Landes – um dort ein neues Leben mit Gott zu beginnen. Diese schlichte, aber eindrückliche Handlung war für jeden unvergesslich.

Ein Tag dort am Jordan war besonders denkwürdig. Es begann damit, dass von Pferden gezogene Wagen am Ufer hielten. Eine Delegation von Würdenträgern war eingetroffen. Doch welche bedeutenden Persönlichkeiten waren nur an solch einen unbedeutenden Ort gekommen?

Es waren die religiösen Führer des Volkes.

Als Johannes diese vornehm gekleideten Männer sah, spannte sich jeder Muskel in seinem Körper. Doch nicht eine Regung auf seinem Gesicht verriet seine Gefühle. Als sich die religiösen Würdenträger einen Weg durch die Menge bahnten, konnte

Johannes beobachten, wie die einfachen Menschen ihr Haupt beugten oder in einer Geste der Ehrerbietung niederknieten. Welch ein Kontrast zu der Gegenwart des größten Unangepassten aller Zeiten.

Johannes' Augen studierten und durchschauten jeden Mann, der aus den Wagen stieg. Einige waren offensichtlich gekommen, um zu spotten, Argumente gegen Johannes zu sammeln und ihr Urteil über ihn zu fällen. Da waren andere, die waren noch unentschlossen und hegten die Hoffnung, für sich selbst herauszufinden, ob Johannes ein wahrer Prophet sei oder nicht. Es gab sogar einige wenige unter ihnen – die jüngsten der religiösen Elite –, die wirklich glaubten, dass Johannes ein Mann Gottes war. Diese jungen Männer hofften, die älteren, angeseheneren Leiter würden ihrer Meinung, die sie nicht offen auszusprechen wagten, letztlich doch noch zustimmen. So wären einige unter ihnen sogar bereit gewesen, Jünger des Johannes zu werden, wenn auch die älteren Leiter Johannes ihren Segen geben würden.

Aber Johannes sah noch mehr. Er blickte in das Herz jedes Mannes, der durch die Menge hindurchschritt. Er konnte die ureigene Schwäche jedes Einzelnen wahrnehmen. Und es war nicht *einer* unter ihnen, der hätte kühn genug sein können, von sich aus mit den überkommenen religiösen Traditionen zu brechen.

Die Menge machte mehr Raum für diese vielgerühmten Führer. Und so bahnte sich die Delegation einen Weg nach vorn, um ihren rechtmäßigen Ehrenplatz einzunehmen. Das war weit mehr, als der Wüstenprophet ertragen konnte. Das religiöse System seiner Zeit kam *an diesen Ort?* Und wagte es auch noch, seine abscheulichen Gewohnheitsrechte auch *hier* aufzudrängen? Wie konnten diese Menschen es überhaupt wagen, hierher zu kommen! Wie konnten sie es wagen, ihre Arroganz, ihre Verachtung, ihre Geringschätzung und ihren Stolz an *diesen* Ort zu bringen!

Johannes war weder auf diese Erde gekommen, um Kompromisse zu schließen, noch um diese Männer auf die Wege Gottes zurückzuführen. Schließlich sahen sie selbst sich ja als Autoritäten in der Beurteilung der Wege Gottes. Johannes würde nicht versuchen, das Unmögliche zu erreichen: Er würde diese Führer des religiösen Systems nicht dazu auffordern, aus ihrem System herauszukommen. Doch die Gegenwart dieser Männer drohte die Freiheit zu verderben, die die Getauften errungen hatten, als sie die Wege dieser Welt aufgaben.

So erklärte Johannes ihnen den Krieg. Einen offenen, ungezügelten, schonungslosen Krieg ... gegen Israels meistverehrte Persönlichkeiten. Er wollte, dass jede anwesende Seele wusste, wie er über die Ketten empfand, die diese Traditionalisten um die Herzen und Seelen von Gottes Volk gelegt hatten. Und was empfand er? Er fühlte, dass diese ganze religiöse Kultur untergehen musste.

Wenn Johannes mit Nachdruck sprach, dann konnte das einem Donnergrollen gleichen, und nun paarte sich dazu die gereizte Aggressivität eines Löwen. Als er seinen Zeigefinger ausstreckte, erschütterte er Himmel und Erde mit seiner öffentlichen Anklage.

„Wer ... wer, frage ich euch ... wer hat euch dazu gebracht, Buße zu tun?

Ihr Schlangenbrut, was wollt ihr hier?"

Die Menge war erschüttert. Niemand hatte *jemals* so mit *diesen* Männern gesprochen. Viele in der Menge erhoben sich spontan wieder von ihren Knien; nach einer Weile zeigte sich auf einigen Gesichtern ein breites Grinsen. Jedes Auge war nun auf die religiösen Führer gerichtet. Wie würden sie reagieren? War es möglich ... hatte Johannes eine Art von Gotteslästerung begangen? Das Volk kannte die Gerüchte über Johannes, nach denen er von einem Dämon besessen sein sollte; das erleichterte die Situation nicht gerade. Sie liebten ihn für seine Kühnheit, doch niemand hätte im Traum daran zu denken gewagt, dass er auch die religiösen Führer des Volkes angreifen würde. *Niemand* tat so etwas!

Der Schock wich purem Unglauben, als Johannes weitersprach.

„Ich frage euch noch einmal, ihr Otterngezücht, wer sagte euch, dass ihr dem Zorn, der über euch kommen wird, ausweichen sollt?"

Die religiösen Führer blieben stehen. Niemand durfte so mit ihnen reden. Nach einem kurzen Moment des starren Verharrens nahm einer der Führer seinen

Mantel von den Schultern, drehte sich um und flüsterte den Umstehenden etwas zu. Diese signalisierten den anderen, den sofortigen Rückzug anzutreten.

Doch Johannes war noch nicht fertig.

„Euer Baum! Eine Axt ist schon an euren Baum gelegt worden. Der Zorn Gottes ist über euch. Diese Axt wird euren Baum fällen und seine Wurzeln zerstören. Der Tag ist nicht mehr fern, an dem all das, was ihr seid, unter dem Zorn Gottes zerstört werden wird."

Jetzt beeilte sich die Delegation, ihre Mäntel zusammenzuraffen, und ging raschen Schrittes zu den Wagen zurück, jeder eifrig damit beschäftigt, in seinem Herzen zu überlegen, wie er sich für diese Schmach an Johannes rächen könnte.

Da begann ein Einzelner in der Menge, dem plötzlich klar wurde, was hier gerade geschehen war, zu jubeln. Ein anderer applaudierte. Bald stand die ganze Menschenschar auf und stimmte in den Beifall ein. Überall spürten Männer und Frauen, wie die Fesseln von ihren Seelen abfielen. Endlich wagte es jemand, auch das religiöse System herauszufordern!

In spontaner Begeisterung bewegte sich die Menge auf Johannes zu. Es sah so aus, als ob jede anwesende Seele, die noch nicht getauft war, sich jetzt danach ausstreckte. Sie alle hatten heute eine Tiefe in Johannes' Botschaft erfasst, die ihnen vorher verborgen war.

Es war ein siegreicher Tag. Doch keiner der Anwesenden schien sich das Offensichtliche bewusst zu machen. Was er heute in Bewegung gesetzt hatte, würde Johannes den Tod bringen.

Und dann war da noch dieser andere, äußerst denkwürdige Tag.

## KAPITEL 7

Die Tür zur anderen Wirklichkeit öffnete sich über dem Jordan wie ein Fenster. Direkt aus der Tiefe des Wesens Gottes, des Vaters, kam Sein Geist, der Heilige Geist und nahm die Gestalt einer Taube an, flog hinaus durch die offene Tür und ließ sich nieder auf einem der Menschen, die in der Menge standen und Johannes zuhörten.

Johannes' Augen beobachteten die Menge, sein ungezähmter Blick fing jedes Gesicht ein. Was war das? Ein Licht von übernatürlicher Schönheit und Intensität, aus dem Nichts kommend, verdichtete sich zur Gestalt einer Taube, senkte sich herab und war auf einem dort draußen in der Menschenmenge gelandet.

Johannes war klar, dass er soeben etwas gesehen hatte, was niemand der anderen Anwesenden wahrnehmen konnte. Das Zeichen des Messias. Der Täufer verstummte. Sein einziger Gedanke war:

‚Auf wem hat sich die leuchtende Taube niedergelassen? *Wer* ist dort draußen?'

Geflüster machte die Runde. Viele folgten Johannes' suchendem Blick.

Plötzlich rief Johannes lauthals aus: „Seht, das Lamm Gottes!"

Und weiter: „Ich bin nichts. Dieser Mann ist alles. Richtet euch nicht mehr nach mir, seht auf Ihn. Ich bin nicht einmal würdig, mich zu bücken und die Riemen an den Sandalen dieses Mannes zu öffnen."

Der Vater schien zuzustimmen. Denn während Er in der Tür zwischen den beiden Sphären stand, rief Er schließlich aus:

„Dies ist mein geliebter Sohn, an dem ich Wohlgefallen habe."

Und weil Gott Wohlgefallen hatte, war auch Johannes zufrieden. Es störte ihn nicht zu sehen, wie die Menschenmenge ihn vergaß und anfing, Jesus nachzufolgen. Johannes wusste, dass er nur aus diesem einzigen Grund auf die Welt gekommen war.

Was Johannes nicht wissen konnte, war, dass die einfachsten Tage seines Dienstes nun hinter ihm lagen. Die schwierigen würden erst noch kommen.

## KAPITEL 8

„Berichte mir von meinem Cousin", bat Johannes.

„Zur Zeit ist er in Galiläa. Er hat genau wie du Jünger um sich versammelt; zwölf sind es, und dann sind da noch andere, vielleicht weitere fünfzig oder sechzig, die immer bei ihm sind. Er wandert von einem Ort zum andern, um zu predigen."

Die Stimme gehörte Nadab, einem Schüler von Johannes, der in Galiläa Zeuge des Dienstes von Jesus geworden war.

„Von Zeit zu Zeit spricht er zu großen Menschenmengen, aber meistens unterhält er sich mit den Menschen bei ihnen zu Hause."

„Worüber spricht er?"

„Nun, meistens erzählt er Geschichten. Viele davon sind sehr humorvoll."

Nadab machte eine Pause. „Lehrer, hast du gewusst, dass er trinkt? Ich meine, er trinkt

*Wein!* Und die Zwölf, seine Zwölf, sind nicht wie wir. Sie lachen so viel.

Er erhält viele Einladungen zu irgendwelchen Festen. Und es sieht so aus, dass er sie alle annimmt. Einige sagen, er isst und trinkt zuviel – oder zumindest seine *Jünger.*"

Johannes' Interesse war geweckt, doch seine Haltung verriet nichts über seine Gedanken. Keiner von den anwesenden Personen konnte auch nur ahnen, was er über Nadabs Bericht dachte. Dies war eine Eigenschaft von Johannes, die er bereits in seiner Kindheit erworben hatte.

Nadab fuhr fort. „Die Menschen, mit denen er zu tun hat, sind vorwiegend Zöllner, Huren und ... nun, solche Leute eben."

Einer der anderen Schüler des Johannes unterbrach mit einer Feststellung. „Lehrer, wir haben gefastet, bis wir fast verhungert waren. Wir haben gebetet, bis unsere Knie wund waren. Darin tun wir es dir gleich. Du fastest, du verbringst dein Leben im Gebet, du lebst ein Leben in großer Enthaltsamkeit und Disziplin. Dein Cousin aber erzählt Geschichten, spricht von Lilien und Vögeln, Samenkörnern und Schafen, geht zu

Festen, auf denen er isst und trinkt. Es sieht so aus, als ob er es sich ziemlich gut gehen lässt. Einige haben ihn sogar einen Trinker und Vielfraß genannt. Kannst du verstehen, warum einige von uns etwas verwirrt sind?"

Nach einer langen Pause wurde klar, dass Johannes nicht antworten würde. Schließlich atmete Johannes tief ein und stand auf. „Das Volk wartet, und ich habe ihnen etwas Wichtiges zu sagen."

Johannes ging hinaus und stieg inmitten der versammelten Menge auf einen großen Stein. Es war später Nachmittag. Ein kühler Luftstoß vom Galiläischen Meer wehte über das Feld. Die Sonne versank gerade hinter dem Horizont und warf dabei gewaltige goldene Strahlen über den Himmel.

Johannes blickte auf das Volk und zwang sein Herz, sich erneut an seine Lebensaufgabe zu erinnern: Israel zur völligen Umkehr zu führen, Berge zu ebnen, Täler aufzufüllen und den Weg für Gottes größtes und abschließendes Werk auf dieser Erde zu bereiten.

„Unser König", rief Johannes, „hat sich die Frau seines Bruders genommen. Damit hat Herodes den Zorn Gottes heraufbeschworen. Und auch seine Frau Herodias wird nicht verschont bleiben."

Die Nachricht von Johannes' Anklage gegen ihn brauchte nur bis zum nächsten Morgen, um Herodes, den Tetrachen, zu erreichen. Als Herodes davon hörte, brach er in unkontrollierten Zorn aus. Aber dieser Zornausbruch war noch milde im Vergleich zu dem seiner neuen Frau. Sie schwor Johannes dem Täufer die übelste nur denkbare Rache. In ihrem Verlangen nach Vergeltung schrie sie ihren Mann an, Johannes solle sofort verhaftet und in ein Verlies geworfen werden. Sofort! Doch das war nur der Anfang ihrer niederträchtigen Intrige.

# KAPITEL 9

Protheus blickte hinauf, um den Grund für den Lärm auf der Treppe oben zu sehen. Er konnte den Schatten eines Gefangenen ausmachen, der zwischen zwei römischen Wachen stand. Langsam und mühevoll nahm der gefesselte Gefangene seinen Weg die lange, schmale Treppe hinunter.

Protheus konnte nicht anders, als bei sich zu denken: ‚Ich hatte mir immer vorgestellt, du wärest ein Riese von einem Mann; doch hier, an diesem Ort, scheinst du in jeder Hinsicht so gewöhnlich zu sein. Du scheinst ... beinahe schutzbedürftig.'

Der Gefangene war nun voll zu erkennen. Protheus untersuchte Johannes' Gesicht, aber wie so viele andere konnte auch er nicht den kleinsten Anhaltspunkt im Verhalten dieses Mannes finden, der etwas über seine Gedanken ausgesagt hätte. War er verängstigt? Besorgt? Feindselig? Protheus war bekannt dafür, dass er die Gefühle jedes Gefangenen in diesem besonderen Moment lesen konnte. Doch *dieser* Gefangene heute gab nichts her.

Protheus drehte sich zu einem der Soldaten hinter sich um.

„Zelle 3!"

Der Soldat öffnete die eiserne Gittertür; gleich hinter dem Gitter fiel die Zelle in ein vier Meter tiefes Loch ab. Einer der Soldaten war gerade damit beschäftigt, ein Seil um eines der Gitterstäbe zu binden und wollte sich selbst in das Loch hinunterlassen. Doch Protheus fuhr dazwischen.

„Einen Augenblick. *Ich* werde den Gefangenen anketten." Daraufhin wandte sich Protheus an die beiden römischen Wachen und deutete ihnen, den Gefangenen loszubinden. Dann ging er selbst hinüber zum Eingang der Zelle und ließ sich in das rattenverseuchte Loch hinunter.

Der Ort war dunkel, feucht und insgesamt das, was ein Kerker eben sein sollte. Protheus rief zu den Wachen hinauf: „Tretet von dem Gefangenen zurück."

„Johannes, komm an diesem Seil hier herunter." Johannes umfasste das Seil mit seinen Händen und glitt hinab in das höllische Loch.

„Diese Ketten an der Wand – ich muss sie nun an deinen Händen und Füßen befestigen. Die Ketten sind so lang, dass du dich ein wenig bewegen kannst. Herodes hat es so angeordnet. Ich tu das nicht gerne, aber du wirst in diesem Gefängnis bleiben, bis er entscheidet, was mit dir geschieht."

Protheus brauchte einige Augenblicke, bis er die eisernen Fesseln an Johannes' Handgelenken und Knöcheln befestigt hatte.

„Drei deiner Jünger haben darum gebeten, dich zu sehen. Es wird ihnen erlaubt werden, nächste Woche zu dir zu kommen. Ich nehme an, sie werden dir etwas zu essen bringen."

Protheus griff nach dem Seil und wollte sich schon wieder hochziehen. Doch dann hielt er inne, drehte sich um und schaute Johannes direkt an. „Ich habe dich dort draußen in der Wüste sprechen hören. Es tut mir Leid ..."

„Es ist in Ordnung", antwortete Johannes. „Die Schuld liegt nicht bei dir."

Daraufhin zog sich Protheus wieder nach oben, schloss die Zellentür und wandte sich an die wachhabenden Soldaten.

„Hört mir zu. Macht es diesem Mann so angenehm, wie es in dieser elenden Zelle nur möglich ist; versorgt ihn mit Nahrung und Wasser und was er sonst noch so braucht. Geht im Rahmen der Beschränkungen, die Herodes ihm auferlegt hat, auf seine Bedürfnisse ein. Und noch etwas. Ich habe den Namen von Johannes gut lesbar an der Wand neben seiner Zellentür angebracht. Ich möchte, dass jeder Mann in diesem Raum immer vor Augen hat, wer da in diesem Loch sitzt."

Da rief eine Stimme aus Zelle 1. „Was habe ich da gehört? Sie haben Johannes den Täufer hierher gebracht?"

Protheus seufzte. Er wusste, genau wie jeder andere Mann in dem Raum, was jetzt als nächstes kommen würde.

# KAPITEL 10

„Herodes ist dafür verantwortlich, nicht wahr? Dieses verdammte Monster.

Johannes, bist du es? Erinnerst du dich an mich? Ich war mit dir zusammen, als du noch ein Kind warst. Oh, ich war ein bedeutender Mann – damals. Doch schau mich jetzt an!

Herodes nahm mir mein Haus und mein Geld. Ganz ohne Prozess, es gab nicht einmal ein Verhör! Dann warf er mich in dieses höllische Loch. Jetzt ist es Herodes, der ein reicher Mann ist! Reich geworden durch meinen Reichtum, und ich bin nur noch eine jämmerliche Kreatur. Ich verfluche dich, Herodes ... du Monster ... Verbrecher.

Zwanzig Jahre habe ich ihm gedient. Treu. Nie zuvor wurde ein Mann so ungerecht behandelt wie ich. Was er getan hat, ist ungerecht. Seht nur, was dieser Abschaum von einem Menschen jetzt wieder verbrochen hat; das Ungeheuer ist ausgezogen und hat einen Propheten Gottes an diesen verfluchten Ort gebracht.

Ich sage dir: jedes Problem, jeder Schmerz, alles Leid in Judäa geht auf Herodes zurück. Es gibt auf dieser Welt keine Gerechtigkeit, keine Gnade ... kein Mitgefühl. Es ist alles seine Schuld. Alles.

Johannes, kannst du mich hören? Merke dir meine Worte, du wirst hier verrotten wie wir alle. Du hast dort draußen in deiner Wüste etwas gesagt, was wahr ist. Die Bosheit des menschlichen Herzens kennt keine Grenzen. Und Herodes ist der Schlimmste von allen. Ich wäre heute ein glücklicher, wohlhabender Mann, wenn nicht dieser kaltblütige Herodes gewesen wäre, und die anderen ... die anderen ... diese niederträchtigen Männer, die sich gegen mich verschworen haben, um mir alles zu nehmen."

„Parnach, halte deine Zunge im Zaum", schrie einer der Wärter.

Es kehrte Ruhe ein. Der Gefangene in der ersten Zelle wurde still. Unglücklicherweise hatte sein Schreien den Gefangenen in der Zelle neben ihm geweckt.

# KAPITEL 11

Ein dünner, knochiger Mann zog sich an der Tür seiner Zelle hoch und schaute mit irrem Blick in die Augen des Wachhauptmannes.

„Johannes? Hier? Hast du gesagt, Johannes ist hier im Gefängnis von Machaerus eingesperrt? Protheus, willst du etwa sagen, dass ihr ihn auch noch ausgerechnet in Zelle drei geworfen habt?"

„Ja, Hannel, Herodes hat Johannes verhaften und hierher bringen lassen."

„Hat Gott kein Mitgefühl? Kennt Gott keine Gefühle?", fragte Hannel mit kalter, dünner Stimme.

„Bedeutet ihm Hingabe denn gar nichts? Auch *ich* habe einmal an Gott geglaubt, so wie Johannes es tut. Bist du wirklich hier, Johannes? Erinnerst du dich an mich? Ich lebte ein hingegebenes und heiliges Leben vor Gott. Du erinnerst dich, nicht wahr, Johannes? Nun, sieh, was es mir gebracht hat. Und dir, sieh doch, was die Hingabe an

Gott *dir* gebracht hat. Ist dies das Ende für Menschen, die Gott liebten und Ihm gehorchten? Was für ein Gott ist das, der solche Dinge zulässt, wie wir sie jetzt erleiden? Gott, du hast einen deiner eigenen Diener in ein schleimiges Loch geworfen!"

Hannel streckte einen Arm durch die Gitterstäbe seiner Zelle, ballte die Faust, erhob sein Gesicht und schleuderte Gott Flüche entgegen. Dann beendete er sein irres Gerede mit einer letzten Erklärung. „Niemals mehr werde ich einem Gott dienen, der Menschen so behandelt. Als ich Ihn brauchte, wo war Er da? Johannes, wo ist *dein* Gott, wenn du ihn am dringendsten brauchst?"

Aus der dritten Zelle kam nicht das kleinste Geräusch. Was auch immer Johannes jetzt dachte, er behielt seine Meinung für sich. Protheus konnte sich bei alldem nur wundern: ‚Der Gefangene in der ersten Zelle macht die Menschen für alles verantwortlich. Der Gefangene in der zweiten Zelle macht Gott für alles verantwortlich. Ich frage mich, wen der Gefangene in der dritten Zelle wohl anklagen wird. Menschen? Gott?

Oder vielleicht seinen Cousin?'

# KAPITEL 12

Schauplatz ist ein Dorf in Galiläa namens Nain. Es ist früher Abend. Die Straßen des Ortes sind übervoll von Menschen, die darauf warten, ihre Kranken zu Jesus bringen zu können.

Einige der Gebrechlichen sind blind, andere verkrüppelt, einer ist taub. Wieder ein anderer, dem Schaum aus dem Mund tropft, wird von seiner Familie festgehalten. Eine ängstliche Mutter hält ihr kleines fieberndes Baby im Arm. Eine andere Mutter wiegt ein verkrüppeltes Kind in ihrem Schoß. So viele verschiedene Menschen sind da, gequält von jeder nur bekannten Krankheit. Alle haben sie eines gemeinsam. Sie suchen Jesus in der Hoffnung, durch Seine Hände Heilung oder Befreiung zu empfangen.

Die Menge konzentriert sich auf ein Haus in einer der kleineren Straßen des Dorfes. In alle Richtungen sind die Straßen, die zu diesem Haus führen, mit Menschen überfüllt. Ein Blick in den Hof zeigt: Auch dort überall Menschen.

Überall Jammer und Angst. Die Anspannung der Wartenden wird nur noch größer, jedes Mal, wenn jemand im Haus einen Freudenschrei ausstößt und dann einen Moment später aus dem Haus stürmt und Gott mit übersprudelnden Worten für seine Heilung dankt.

In diesem Augenblick erscheinen drei grob gekleidete Männer mit wettergegerbter Haut am Tor des Hofes. Einer von Jesu Jüngern erkennt sie. Er eilt ins Haus. Gerade als er seinem Meister von der Ankunft dieser Männer berichten will, erhebt sich ein Krüppel, streckt seine Hände zum Himmel und schreit mit lauter Stimme Gott den Dank für seine Heilung entgegen.

„Herr, die Jünger von Johannes sind hier."

Jesus sah auf. Für einen kurzen Moment blitzte Sorge in Seinen Augen auf.

„Bitte, sag' dem Volk draußen, sie sollen nach Hause gehen. Und dann bring Johannes' Jünger hierher. Jetzt gleich."

Mit diesen Worten setzte sich der Herr auf den Boden und wartete nachdenklich auf die Ankunft von Johannes' Jüngern.

Kurz darauf nahmen die drei Männer mit ernstem Gesicht ihre Plätze Jesus gegenüber ein. Es folgte eine lange Pause. Schließlich brach Nadab die Stille.

„Wir kommen von Johannes. Er ist im Gefängnis. Herodes hat ihn verhaftet für …"

„Ja, ich weiß", antwortete der Herr.

„Vor einigen Tagen durften wir unseren Lehrer besuchen. Er ist in einem dreckigen Loch angekettet. Es gehen Gerüchte um, dass es nicht mehr lange dauern wird, bis Herodes ihn umbringen lässt."

Wieder folgte eine Pause. Nadab wartete, um zu sehen, ob Jesus etwas auf seine Worte erwidern würde.

„Johannes sandte uns zu dir, um dir eine Frage zu stellen. Es war die einzige Bitte, die er an uns hatte. Wir sind weit gereist, um dich zu finden, und nur wegen dieser einen Antwort sind wir gekommen."

Wiederum hielt Nadab inne. Und wieder sprach niemand.

„Lehrer, die Frage, die Johannes gern von dir beantwortet hätte, ist folgende." Nadab stockte erneut mit errötendem Gesicht.

„Johannes' Frage lautet: ‚Bist du der Messias, oder sollen wir auf einen anderen warten?' "

Es folgte ein langes, fassungsloses Schweigen. Bei jedem im Raum lösten diese Worte Schmerz aus. Man konnte es auf den Gesichtern von Johannes' Jüngern lesen, es war offensichtlich auf den Gesichtern der Zwölfen, aber am deutlichsten sah man es dem Herrn selbst an.

Jesus seufzte tief. Für einen kurzen Augenblick senkte Er Seinen Kopf als Ausdruck Seines inneren Schmerzes. Während Er wieder aufsah, beantwortete Er die Frage.

„Nadab, kehre zu Johannes zurück. Sage ihm von mir Folgendes:

Zuerst berichte Johannes, dass die Blinden sehen, dass die Lahmen gehen und dass die Tauben hören.

Dann berichte meinem Cousin, dass das Evangelium bekannt gemacht wird – und nicht nur bekannt gemacht, sondern mit Freude aufgenommen – und dass Männer und Frauen frei werden."

Der Herr hielt inne und nahm einen tiefen, schweren Atemzug. Dann, langsam, jedes Wort abwägend, fuhr Er fort: „Schließlich, Nadab, sage Johannes ... sage Johannes ..."

Für einen Moment versagte die Stimme des Herrn. Schmerz durchzog Seine Worte. „Sage meinem Bruder Johannes:

‚Und gesegnet ist der, der sich nicht an mir ärgert.'"

Wieder entstand eine Pause. Jesus stand auf, umarmte die drei Männer und wandte sich dann Seinen Jüngern zu. „Es ist schon spät, und es ist Zeit, von hier aufzubrechen. Wir müssen ins nächste Dorf gehen. Bitte schickt diejenigen, die immer noch dort draußen warten, nach Hause."

Die drei Jünger des Johannes standen noch da – wie betäubt. Nach einem langen Augenblick offensichtlicher Verwirrung wandten sie sich um und gingen davon. Der Hof, den sie überquerten, war nun leer, genauso wie die Straßen, durch die sie gingen.

Am nächsten Tag würde Jesus ein anderes Dorf besuchen. Und die Jünger des

Johannes würden auch am morgigen Tag noch mit dem Rätsel dieses Tages beschäftigt sein.

Aber was würde der kommende Tag für diejenigen bereithalten, die an diesem Abend nach Hause geschickt wurden? Sie gingen, ohne geheilt zu werden. Und Johannes? Wie würde er auf die sonderbaren Worte seines Cousins reagieren?

## KAPITEL 13

Die drei Jünger des Johannes setzten sich auf dem schlüpfrigen Boden des Verlieses nieder, das Johannes zum Zuhause geworden war.

„Lehrer, wir haben deinen Cousin gesehen."

„Habt ihr ihm meine Frage vorgelegt?"

„Das haben wir."

„Und seine Antwort?"

„Lehrer, seine Antwort ist seltsam. Wir verstehen sie nicht."

Johannes seufzte. Es war, als ob er gewusst hätte, dass Nadab im etwas Derartiges mitteilen würde.

„Und wie lautet sie?"

„Lehrer, er sagte, wir sollen dir berichten, dass den Blinden, den Tauben und den Lahmen geholfen wird, dass sie Augenlicht, Gehör und Heilung empfangen. Weiter trug er uns auf, dir zu sagen, dass die gute

Nachricht von der Königsherrschaft Gottes verkündet und mit Freude aufgenommen wird."

Johannes ließ sich diese Worte ganz langsam durch den Kopf gehen. Nach einigen Minuten runzelte er die Stirn, lehnte sich nach vorne und fragte: „Ist das alles?"

„Nein, Lehrer, Er sagte noch etwas, und dann entließ er die Menge und verabschiedete sich von uns. Seine abschließenden Worte waren: ‚Sagt Johannes: Und gesegnet ist der, der sich nicht an mir ärgert.'"

Es folgte eine lange Stille, während der die drei Männer das Gesicht von Johannes studierten, in der Hoffnung, eine Reaktion auf diese Worte zu entdecken. Aber wie gewöhnlich war keine Regung festzustellen.

Schließlich fragte Johannes: „Wo war mein Cousin?"

„In einem Dorf in Galiläa namens Nain", antwortete Nadab. „Überall waren kranke Menschen; Straßen, Wege und Gassen waren voller Menschen, die Heilung wollten. Der Ort wurde überrannt von leidenden Seelen."

„Wurden sie geheilt?"

„Ja, Lehrer, viele wurden geheilt."

Diese Worte weckten Johannes' Interesse und er richtete sich auf. „Sagtest du *viele*?" erwiderte Johannes.

„Ja, Lehrer, viele."

„*Viele*?" fragte Johannes noch einmal.

Nadab war verwirrt. „Ja, Lehrer", antwortete er erneut, „*viele* wurden geheilt."

„*Viele*", wiederholte Johannes leise, mehr zu sich selbst. Dann lehnte er sich wieder nach vorne. „Viele, Nadab? Viele, aber *nicht* alle?"

Für einen kurzen Augenblick verstand Nadab nicht, was Johannes sagen wollte. Dann blitzten seine Augen auf, schockiert über das, was Johannes gerade gesagt hatte. „Ja, Lehrer, du hast Recht. Da waren viele, die geheilt wurden, aber nicht alle."

„... *nicht* ... alle."

Johannes starrte ziellos in die Luft. Hatte er schließlich die Antwort auf die Frage gefunden, die ihn in Bezug auf Jesus so sehr beunruhigte? Oder hatte er seinem Dilemma nur neue Fragen hinzugefügt?

Zur gleichen Zeit gab es noch jemanden, der mit demselben Dilemma kämpfte.

## KAPITEL 14

„Lasst mich allein", sagte Jesus zu seinen Begleitern.

Nach diesen Worten suchte er einen abgelegenen Ort auf, um allein zu sein. Nie zuvor in den einunddreißig Jahren seines Lebens, noch je in der zeitlosen Ewigkeit, die er mit seinem Vater verbracht hatte, hatte er sich so sehr danach gesehnt, den Schrei und die quälende Frage eines Menschen zu beantworten, der damit kämpfte, die geheimnisvollen Wege seines Gottes zu verstehen.

Wenn es für ihn jemals eine Gelegenheit gegeben hatte, in der er eine klare Antwort hätte geben müssen, wenn es jemals eine Person gegeben hatte, zu der er deutlich hätte sprechen sollen, dann war gewiss *dies* die Gelegenheit und *Johannes* die Person. Wenn es je einen Menschen gab, der das Recht auf eine Erklärung gehabt hätte, dann war es dieser Mann von seinem eigenen Fleisch und Blut, sein einziger Cousin.

„Johannes, dein Schmerz ist groß. Ich spüre es. Heute Nacht brauchst du es so dringend, ja verzweifelt, mich zu verstehen, meine Wege zu erkennen, das Rätsel meiner Souveränität zu ergründen. Dein Herz ist gebrochen. Und doch, Johannes, du bist nicht der Erste, der dieses Verlangen hat. Du bist nur einer in dieser langen Reihe von Menschen, die mir durch all die Jahrhunderte hindurch ihre Fragen und Zweifel entgegengerufen haben. Du bist nur eine Stimme unter so vielen, die sich wunderten und mit meinen Wegen gerungen haben."

Mit diesen Worten tauchte eine Begebenheit vor den Augen des Herrn auf, die vor langer Zeit stattgefunden hatte.

Jesus zitterte. Vor ihm lag Ägypten. Der Herr der Zeiten schritt durch die Straßen der Pharaonenstadt. „Ich bin schon einmal hier gewesen. Ich bin diese Straßen entlanggegangen und habe die stummen Schreie, das Murren, die Gebete meines eigenen Volkes gehört … – hier in der Sklaverei."

Der Herr hielt inne und schaute umher. Er konnte deutlich jedes Gebet hören, das gesprochen wurde. Sie schienen im Gleichklang mit dem Rasseln der Ketten emporzusteigen.

„Ihr, die ihr Nachkommen eines Mannes namens Jakob seid, ihr habt so lange nach mir gerufen, so lange gelitten und so lange geweint. Ihr habt euer Angesicht zahllose Jahre zum Himmel gewandt. Aber die Himmel sind wie versteinert. Es schien, als wäre euer Gott taub geworden. Ihr seid in der Sklaverei geboren. Ihr seid erwachsen geworden, habt nach Freiheit geschrieen und seid dann ohne eine Antwort auf eure Gebete gestorben. Eure Kinder haben euren Platz eingenommen und wurden mit denselben Ketten gefesselt, mit denen bereits ihre Väter gefesselt waren. Auch sie schrieen nach Befreiung, und auch sie starben in ihren Ketten, die unverändert an ihre Gelenke geschmiedet waren."

Der Herr ging weiter.

„Eure Kindeskinder sind alt geworden. Sie haben unzählige Male zu mir gebetet und geschrieen: ‚Gott, befreie uns vom Pharao, befreie uns von diesem Sklavenherrn, der unseren Vater Josef nicht kennt. Oh, unser Gott, führe uns in unser Heimatland zurück.'

Aber ich antwortete nicht, nicht ein einziges Wort. Und so ging es weiter mit euch und euren Nachkommen ... zwölf Generationen lang.

Ich ließ euch beinahe vierhundert Jahre in der Sklaverei. Nicht ein einziges Mal in dieser Zeit wurden eure Gebete erhört. Ihr habt nach mir gerufen, aber ich habe nicht geantwortet. Kein klares Wort, keinen Einblick in meine Wege, keine Erklärung meiner Absichten, keine Gründe wurden euch genannt, warum ich eure Schreie nicht beantwortet habe. Eure Herzen wurden vor mir zerbrochen.

Doch mein Herz brach mit euren.

Und selbst nach vierhundert Jahren gab es immer noch Männer und Frauen, die an mich glaubten! Nach vierhundert Jahren, in denen ihr nichts von mir gehört habt, habt ihr immer noch geglaubt!"

In diesem Augenblick war ein durchdringender Schrei zu hören. Es war die Stimme einer Mutter.

„O Gott, wenn Du da bist, antworte. Morgen wird dieses schöne Kind aus meinen Armen gerissen, für immer. Es wird gefesselt, versklavt und für immer dazu verdammt sein, Ziegelsteine am Nil zu machen. Ich werde sterben und mein Kind nie wieder sehen. Es wird alt werden und in den Ketten sterben, die sie morgen um seine Handgelenke schmieden werden. Willst Du mein Schreien nicht erhören?"

Die Augen des Herrn füllten sich mit Tränen.

„Oh Israel, du musst dich einer einfachen Tatsache stellen.

Frau, du stehst wie all die anderen vor dir ... wie mein Cousin Johannes, der in einem Loch verrottet ... Auge in Auge mit der nackten Wahrheit.

Dein Gott hat deinen Erwartungen nicht entsprochen."

KAPITEL

# 15

Ein anderer Schauplatz. Wieder war es Ägypten – viele Jahre später. Diesmal trat der Herr in ein sich anbahnendes Drama ein, das nicht nur ein Bild der Sklaverei, sondern des Todes war.

Frauen rannten verzweifelt durch die Straßen, von ägyptischen Soldaten verfolgt. Jeder neugeborene hebräische Junge würde an diesem Tag ermordet werden. Das heißt, alle bis auf einen. Der einzige Überlebende würde aufwachsen, um Israel von Ägypten zu befreien. Aber diese von Panik getriebenen Mütter wussten das nicht. Sie würden ihr ganzes Leben ohne das Wissen weiterleben, dass Gott achtzig Jahre später den Tod ihrer Kinder rächen und Israel in die Freiheit führen würde.

„Sie wissen es nicht", seufzte Er. „Sie *werden* es wissen, aber nicht hier auf dieser Erde. Alles, was sie zu Lebzeiten wissen werden, ist, dass ich in der Stunde der größten Not nicht zu ihnen gekommen bin. Heute sind sie, wie alle anderen auch, einem Gott begegnet, den sie nicht verstanden haben.

So war es immer in der Vergangenheit, und so wird es in den kommenden Zeitaltern sein."

Der Schauplatz wechselte erneut. Der Herr über Raum und Zeit war wieder zurück in Galiläa, allein. Er fuhr fort zu sprechen.

„Mir ist das Elend der Sklaven in Ägypten nicht entgangen, ich sah auch Hiob, als er auf seinem Aschehaufen saß, oder Jeremia in seinem dreckigen Loch; und auch an der Not meines Volkes, als die Armeen Nebukadnezars Jerusalem belagerten und sie in die Sklaverei wegführten, habe ich Anteil genommen; doch wenn ich mich jemals im Innersten danach gesehnt habe, eine Antwort und Erklärung zu geben; wenn es einen Tag vor allen anderen gegeben hat, an dem ich hätte reden wollen, dann ist heute dieser Tag.

Heute bin ich aus Fleisch und Blut. Ich habe eine menschliche Mutter, die Elisabeth geliebt hat und die Elisabeths Sohn liebt. Sie möchte ihn nicht sterben sehen, und wie all die anderen möchte auch sie einfach nur verstehen. Hier auf der Erde habe auch ich Brüder und Schwestern. Ich bin ein Mann dieser Erde, in dessen Adern Blut fließt. Auch ich habe menschliche Gefühle und empfinde Verantwortung für meine Familie. Johannes und ich sind jeweils die erstgeborenen Söhne unserer Familien. Mit menschlichen Augen sehe ich diese heillose Tat des Herodes. Doch das ist nicht alles. Wo ich auch hinschaue, sehe ich mein Volk in Umständen gefangen, unter denen sie zu leiden haben.

Wenn ich mich je danach gesehnt habe, die Fragen eines Mannes oder einer Frau zu beantworten, dann jetzt. Und du, Johannes, bist es, dem ich meine Wege erklären wollte.

Johannes, ich sah dich, als du als zwölfjähriger Junge in die Wüste hinaus gegangen bist. Ich sah, wie deine Tage zu Wochen und deine Wochen zu Jahren wurden. Ich sah dich fasten und ich sah, als du gegessen hast, was die Wüste dir übrig ließ, als du dich mit den Abfällen der Einöde kleidetest. Ich habe gesehen, wie die weiche Haut deiner Jugend zu Leder wurde. Ich habe gesehen, wie sehr du gealtert bist. Deine Treue mir gegenüber ist mit nichts zu vergleichen. Seit Eva ihr erstes Kind zur Welt brachte, hat es niemanden wie dich gegeben.

Ich übertrug dir eine Aufgabe, die größer war als die, die ich Mose gegeben hatte. Du bist ein größerer Prophet als alle, die vor dir kamen.

Aber mehr als das alles bist du mein Blutsverwandter – von meinem eigenen Fleisch und Blut.

Oh, wenn es schon einmal einen Zeitpunkt gegeben hat, an dem ich auf die Fragen eines Menschen Antwort geben, meine souveränen Wege erklären wollte, dann heute. Und dennoch bin ich auch für dich wie für jeden anderen ein Herr, der *nicht* durch und durch erfasst und verstanden werden kann; ein Gott, der nur selten erklärt, was Er im Leben Seiner Kinder tut.

*„Hörst du der Engel Schrei:*
*‚Setzt ihn frei!'*
*Und der Tod selbst wird weinen,*
*wird er dir endlich erscheinen.*
*Dein Warten auf Antwort allein*
*muss hier doch vergeblich sein."*

# KAPITEL 16

Als der Tag in dem Dorf Nain anbrach, machte die Menge, die am Abend zuvor versammelt war, eine schockierende Entdeckung. Jesus hatte das Dorf am Vorabend verlassen, nicht lange nachdem Er die Menge weggeschickt hatte. Er war gegangen, und niemand wusste, wohin.

Eine Mutter, die ihr verkrüppeltes Kind den ganzen Weg von Damaskus bis hierher getragen hatte, würde an diesem Morgen die lange Heimreise beginnen, auf den Armen immer noch das geliebte Kind mit seinem entstellten Fuß, der wohl nie geheilt werden würde. Ihr ganzes restliches Leben würde sich diese Mutter fragen, warum der Herr nicht ein paar Augenblicke länger gewartet hatte, bevor Er die Menge entließ. Sie wäre als nächste an der Reihe gewesen.

„Und gesegnet bist du,
wenn du dich nicht an mir ärgerst.“

Am selben Morgen wurde ein alter Mann von seinem Freund zurück nach Hause geführt, um sich dort bis zu seinem Tod zu fragen, wie es gewesen wäre, sehen zu können, wenn er nur ein paar Minuten früher an den Meisterheiler herangekommen wäre. Aber sein Schicksal würde für immer ein Leben der Dunkelheit sein ... und der Fragen.

„Und gesegnet ist der,
der sich nicht an mir ärgert."

Eine Mutter wird mit ihrer kleinen Tochter, die durch einen Unfall in der Kindheit für immer verunstaltet bleiben würde, in ihr Haus zurückkehren. An diesem dunklen Tag und in den folgenden Wochen und Jahren wird diese Mutter in das Gesicht ihres Kindes blicken und es immer wieder fragen hören, warum es an jenem Tag in Galiläa nicht geheilt wurde. „Schließlich, Mutter, wurden doch so viele andere geheilt."

Die Mutter wird darauf eine Antwort geben und dann noch eine; und diese Antworten werden weder Mutter noch Tochter befriedigen. Sie werden sich immer fragen, warum der Herr sie an jenem Abend zurückgelassen hatte, sich nicht um sie gekümmert hatte. Er hätte doch nur ein wenig länger zu bleiben brauchen. Die Mutter wird sterben und zu Grabe getragen werden. Ihre Tochter wird zu einer Frau heranwachsen und die Missbildung ihr ganzes Leben mit sich herumtragen.

„Und gesegnet ist die,
die sich nicht an mir ärgert."

Ein krankes Baby wird sterben. Ein epileptisches Kind wird sein ganzes Leben lang unter Anfällen leiden. Ein fiebriges kleines Mädchen wird Wochen der Schmerzen durchmachen, ehe es wieder gesund wird. Ein Taubstummer wird den Rest seines Lebens bettelnd am Stadttor verbringen. Diese und viele andere, mit zum Teil noch tragischeren Geschichten, verließen das Dorf Nain an diesem Morgen ... jeder von ihnen so niedergeschlagen, dass Worte die Gefühle der Hoffnungslosigkeit nicht beschreiben können. Und das schlimmste war, dass von Gott keinerlei Erklärung für Seine Wege kam.

Viele wurden geheilt. Aber nicht alle.

„Und gesegnet ist der,
der sich nicht an mir ärgert."

# KAPITEL 17

Protheus stieß die schwere Gefängnistür auf und trat ins Sonnenlicht, um dem Gestank des Verlieses zu entfliehen und für einen Augenblick frische Luft zu atmen. In diesem Moment drang Musik aus dem Palast des Herodes an sein Ohr. Herodes veranstaltete an diesem Abend ein riesiges Bankett für seine Freunde. „Er feiert ein Geburtstagsfest zu seiner eigenen Ehre!", erinnerte sich Protheus. Das würde ein Festgelage geben. Das würde ...

Plötzlich packte Protheus ein kalter Schauer.

Das würde Herodes ähnlich sehen ... Johannes den Täufer in den Bankettsaal zu rufen, um seinen Spott mit ihm zu treiben!

„Genau das wird er garantiert tun."

Protheus wirbelte herum und eilte zurück ins Gefängnis ... Er wollte Johannes vor dem warnen, was ihn möglicherweise erwarten würde, bevor der Abend zu Ende war. Aber ehe er Johannes' Zelle erreichen konnte, fühlte Protheus eine kräftige Hand auf seiner Schulter. Er drehte sich um. Es war einer von Herodes' persönlichen Leibwächtern.

„Es geht um Johannes, nicht wahr? Du bist wegen Johannes gekommen. Herodes will seinen Spott mit ihm treiben."

„Viel schlimmer als das", antwortete der Leibwächter und verriet gleichzeitig seine eigene Besorgnis. „Schlimmer, viel schlimmer als das. Salome, die Tochter von Herodes' Frau, hat soeben für die Gäste getanzt. Herodes ist betrunken, und in seinem Rausch bot er Salome alles an, was sie wollte – bis zur Hälfte seines Königreiches. Sie hat sich wiederum bei ihrer Mutter erkundigt, um was sie bei so einem attraktiven Angebot bitten solle." Der Leibwächter hielt inne.

„Protheus, Herodes' Gäste werden heute Abend wohl *nicht* dadurch unterhalten werden, dass sie mit Johannes dem Täufer ihren Spott treiben. Nein, es ist weit makaberer als das. Johannes' Kopf soll auf einem Servierteller in den Bankettsaal gebracht werden!"

Protheus verlor das Gleichgewicht; vor seinen Augen verschwamm alles. Der Leibwächter packte seinen Arm und stützte ihn. „Mir ging es genauso, als ich davon hörte“, bemerkte der Wächter.

„Was nun?“ fragte Protheus

„Ich würde sagen, Johannes hat nur noch etwas weniger als fünf Minuten zu leben. Bring ihn zu mir.“

„Mögen die Götter uns gnädig sein“, flüsterte Protheus. „Und wenn es tatsächlich nur einen Gott geben sollte, und wenn dieser Gott der Gott der Juden ist, dann sind wir Narren, wenn wir glauben, er würde Erbarmen mit uns haben angesichts dessen, was wir gleich tun werden.“

Es geht darum, nicht den Weg, die weshalbs & warums zu verstehen, sondern täglich mit Jesus zu gehen, einfach durch alles gehen, so dass es Jesus Ehre macht. ER ist immer Gott!

# KAPITEL 18

„Johannes, sie sind wegen dir gekommen. Viel früher, als du geglaubt hast. In ein paar Minuten wirst du nicht mehr hier sein. Es bleibt keine Zeit, deine Jünger zu rufen. Auch nicht meine Mutter, Maria, die sich so um deine Sicherheit gesorgt hat. Du wirst keine Möglichkeit mehr haben, ein einziges Wort an jemanden zu richten. Du wirst auch die Frage nicht noch einmal stellen können, die du an mich gerichtet hast.

In weniger als vier Minuten wirst du tot sein. Wie viele Gedanken können einem Mann in vier Minuten durch den Kopf gehen? Wie viele Zweifel? Wie viele Fragen? Nicht viele. Aber, Johannes, und das ist das Schlimmste, es gibt *keine* Antworten.

> Und gesegnet bist du, Johannes,
> wenn du dich nicht an mir ärgerst.

Sie haben dich losgekettet. Die Treppe ist vor dir. Die Tür oben ist offen. Du kannst das Tageslicht über dir sehen.

Warum geschieht dir das, Johannes? Dir – unter allen Menschen ausgerechnet dir? Dein Kopf ... *abgetrennt* von deinem Körper? Und warum? Als Folge des unanständigen Tanzes einer Jugendlichen. Wie absurd.

Du wirst weder deinen dreiunddreißigsten Geburtstag erleben, noch wirst du je genau wissen, warum ich dich berufen habe. Du wirst auch nicht wissen, ob dein Leben auf dieser Erde irgendetwas gezählt hat. Diese langen Jahre in der versengenden Wüste – du hast dich von allem enthalten, was diese Erde außer Nahrung und Wasser zu bieten hat, und auch davon nur so viel genommen, wie du brauchtest, um am Leben zu bleiben. Das alles hast du für mich getan. Und jetzt, da du dem Tod gegenüberstehst, hast du keinen Beweis dafür, dass dein Leben nicht sinnlos war. Habe ich dich in dieser Stunde verlassen, in der du mich am meisten brauchtest?

Und gesegnet bist du,
wenn du dich nicht an mir ärgerst.

Du hast das Ende der Treppe erreicht. Du weißt nicht genau, in welche Richtung du dich wenden sollst. Ein Wächter zeigt nach links. Du folgst. Ist das jetzt wirklich real? Dir bleibt noch weniger als eine Minute, bis dein Leben unverrückbar besiegelt ist. Du rufst dir die langen Nachtwachen vor meinem Angesicht in Erinnerung. Hast du mich denn falsch verstanden? Hast du dich vielleicht einfach nur geirrt? Vielleicht hast du meine Stimme ja überhaupt nicht gehört?

In all den Jahren, die du allein in der Wüste lebtest, hast du nicht ein einziges Mal Liebe oder Trost von einem anderen Menschen erfahren. Werde ich dir solchen Trost nicht wenigstens jetzt gewähren? Du erlebtest nie die Freude an eigenen Kindern, die auf deinen Schoß kletterten. Nie in deinem Leben bist du in Berührung mit einer Frau gekommen; du warst nie verheiratet. Du hast niemals die innige Vertrautheit der Liebe erlebt. Nicht einmal einen Freund hast du gehabt. Dein ganzes Leben hast du ausschließlich für deine Berufung und für mich gelebt. Werde ich nicht jetzt in diesen letzten Momenten deines Lebens den Schleier heben und dir einen Blick gewähren ... eine Andeutung ... auf meine Absicht mit deinem Leben und deinem Tod? Du wirst sterben mit der Frage, warum ich auf meine

Art aß und trank, warum ich nicht fastete wie du oder betete wie du. Sollte der Messias nicht ein Mann des Leidens sein, mit Schmerzen vertraut?

Du wirst heute durch die Hände unreiner, unbeschnittener, heidnischer Römer sterben. Aber dein Tod durch ihre Hände kann nur geschehen, weil ich es zugelassen habe. Du wirst sterben und nicht verstehen, warum ich diesen scheinbar sinnlosen Akt zugelassen habe.

Und gesegnet bist du,<br>wenn du dich nicht an mir ärgerst.

Du wirst nicht sehen, wie die Menge mir bei meinem Einzug in Jerusalem mit überschwänglicher Freude zujubelt. Auch meine Kreuzigung wirst du nicht sehen, noch von meiner Auferstehung und meinem Triumph über den Tod hören. Du wirst sterben, und dabei nicht wissen, dass du das Kommen von niemand Geringerem als dem *Sohn Gottes* angekündigt hast.

Der Tod ist nur noch wenige Sekunden entfernt, und noch immer gibt es keine Antwort auf deine Frage. Du wirst sterben und nicht verstehen.

Und gesegnet bist du, Johannes,
wenn du dich nicht an mir ärgerst.

Sie haben das Tor zum Hof geöffnet. Dort ist er, der Block, auf den du deinen Kopf legen wirst, und dort ist der Mann, der dir das Leben nehmen wird. Man wird sich an dich erinnern als an einen der größten Menschen, die je gelebt haben. Aber du wirst weder das wissen, noch wirst du den Sohn Gottes sagen hören: ‚Unter allen, die von einer Frau geboren sind, ist keiner aufgetreten, der größer ist als Johannes.'

Sogar jetzt, da du dort kniest, fragst du dich, ob du ein völliger Versager bist. Du gabst so viel, hast dein Leben so völlig hingegeben, hast so uneingeschränkt für Gott gelebt. Doch trotz alledem konntest du Gottes Gunst nicht so weit gewinnen, dass Er dir nur eine Antwort auf diese einzige Frage gab – dabei war es doch die einzige Bitte, die du je an ihn hattest.

Ich habe dir keine Antwort gegeben. Und ich habe das nie getan. In meinem Handeln mit den Menschen bleibt die Frage nach dem *Warum* immer unbeantwortet – so sind meine Wege. Doch wenn es einen Menschen auf dieser Erde gegeben hätte, dem ich meine Absichten offenbaren würde, dann wärst *du* es. Und dann wäre es jetzt. Lieber noch als jedem anderen Menschen, der je gelebt hat, würde ich *dir* eine Antwort geben."

Johannes kniete nieder und legte seinen Kopf auf den Block.

„Als ich dich rief, Johannes, und dir sagte, dass du das Kommen des Messias ankündigen wirst, bist du davon ausgegangen, dass du, weil du den Weg für mich bereitet hast, nun auch die Freude erleben würdest, diesen wunderbaren Tag meines Kommens in Herrlichkeit zu sehen. Aber heute bist du einem Gott begegnet, den du nicht verstehst. Das ist das Geheimnis meiner Souveränität. So sind meine Wege zu *jeder* Zeit – in *jeder* Generation. Kein Mensch hat mich je verstanden, zumindest nicht völlig. Und kein Mensch kann mich je völlig verstehen. Ich werde immer anders sein, als Menschen es von mir erwarten. Ich werde meinen Willen auf eine Art und Weise ausführen, die ganz anders ist, als Menschen es voraussehen.

Der Wachtposten hat seine Last erhoben. Die Klinge schwebt über dir. Der Tod steht neben dir. Stirb, mein Bruder Johannes – in der Gegenwart eines Gottes, der deine Erwartungen nicht erfüllt hat.

Und gesegnet bist du,
wenn du dich nicht an mir ärgerst.

# TEIL ZWEI

*Sollen wir uns darüber empören,*
*dass Gott so wenig*
*über Seine Wege offenbart hat,*
*oder uns freuen,*
*dass Er so viel offenbart hat?*

## KAPITEL 19

Ein Tag wie dieser, der Johannes ereilt hatte, steht uns allen bevor. Ein solcher Tag ist unvermeidbar, denn jeder Gläubige hat bestimmte Vorstellungen davon, wie Gott ist, und ist sich recht sicher, dass Gott unter bestimmten Bedingungen auf eine bestimmte Art und Weise handeln würde. Aber dein Herr ist niemals genau so, wie du Ihn dir vorstellst.

Nun siehst du dich einem Gott gegenüber, den du nicht mehr ganz verstehst. Du bist einem Gott begegnet, der deinen Erwartungen nicht gerecht wurde. Jeder Gläubige muss sich einmal mit einem Gott auseinandersetzen, der nicht so handelt, wie es von Ihm erwartet wurde.

Entweder lernst du deinen Herrn durch den Glauben kennen, oder du wirst Ihn nie kennen lernen. *An Ihn* glauben, ein Vertrauen, das in *Ihm* seine Wurzel hat ... *nicht* in Seinen Wegen.

Du bist jetzt denen gegenüber unversöhnlich, die dir erbarmungslos wehgetan haben. Doch nein, eigentlich ist das nicht die ganze Wahrheit. Die eigentliche Wahrheit ist, dass du auf Gott wütend bist, weil du letztlich nicht gegen Menschen kämpfst, sondern mit der souveränen Hand deines Herrn. Hinter allen Erlebnissen, hinter allen Dingen steht immer Seine souveräne Hand.

Die entscheidende Frage ist somit nicht: „Warum tut Gott das? Warum ist Er so?" Die Frage ist nicht: „Warum antwortet Er mir nicht?" Die Frage lautet nicht: „Ich brauche Ihn so dringend, warum kommt Er nicht, um mich zu retten?" Die Frage ist nicht: „Warum erlaubt Gott, dass mir, meinen Kindern, meiner Frau, meinem Mann, meiner Familie diese Tragödie passiert?" Auch nicht: „Warum lässt Gott Ungerechtigkeit zu?"

Die Frage, um die es in erster Linie geht, ist diese: „Wirst du einem Gott folgen, den du nicht verstehst? Wirst du einem Gott folgen, der deinen Erwartungen nicht gerecht wird?"

Dein Herr hat in dein Leben etwas hineingelegt, das du nicht tragen kannst. Die Last ist einfach zu schwer. Niemand hätte je erwartet, dass er *so etwas* tun könnte! Doch die Frage bleibt: „Wirst du auch weiterhin diesem Gott folgen, der deine Erwartungen nicht erfüllt hat?"

„Und gesegnet bist du, wenn du dich nicht an mir ärgerst."

## EPILOG

„Hauptmann, die dritte Zelle ist nun leer."

„Sie wird nicht lange leer bleiben. Ich habe gerade Bescheid bekommen, dass ein neuer Gefangener eintreffen wird."

„Und was hat dieser getan?"

„Ich weiß es nicht. Es besteht durchaus die Möglichkeit, dass dieser genauso unschuldig ist, wie Johannes es war."

Die Antwort des Soldaten war einfach und direkt. „Ich mag es nicht, solche Gefangenen zu haben! Wir haben einen Gefangenen in der ersten Zelle, der sich über Ungerechtigkeit, über Menschen und über Umstände beschwert. Wir haben einen Gefangenen in der zweiten Zelle, der Gott anklagt aufgrund dessen, was sein Gott ihm angetan hat ..."

„Der neue Gefangene ist angekommen", rief eine Stimme oben auf der Treppe.

„Nimm das Seil", sagte Protheus zum Wächter. „Lass den Gefangenen in das dreckige Loch hinunter."

Wer ist dieser Gefangene? Wer ist es, der nun in Zelle 3 eingesperrt werden wird? Welcher Name wird neben der Zellentür stehen?

Nun, eines ist sicher: Es war unvermeidlich, dass diese Person hierher gebracht wurde. Unvermeidlich, unabwendbar und eine souveräne Fügung Gottes.

Der Name des Gefangenen? Nun, die Frage beantwortet sich eigentlich von selbst, lieber Leser; ... *Du selbst* bist der Gefangene in Zelle 3!

„Und gesegnet bist du,
wenn du dich nicht an mir ärgerst."

„Cousin?"

*„Ja, Johannes."*

„Jesus?"

*„Ja, Johannes. Ich bin es."*

„Mein Herr und mein Gott ... ich hatte doch so viele Fragen, als ich dem Tod gegenüberstand!"

*„So ging es auch mir, als ich dem Tod ins Angesicht sah. Gerade so, wie ich dir nicht geantwortet habe, so hat mir mein Vater auch nicht geantwortet. Wir starben auf ganz ähnliche Weise."*

„Du bist gestorben? Du starbst genauso schmachvoll wie ich?"

*„Ja, Johannes. Aber ich bin vom Tod auferstanden."*

„Du bist vom Tod auferstanden? Aber wie?"

*„Komm, Bruder Johannes ... nimm meine Hand. Der Augenblick ist gekommen. Ich werde dich jetzt zu dem Ort führen, wo du erkennen wirst ... wie du selbst erkannt worden bist."*

*Lieber Leser,*

*kein anderer kann sich wirklich in deine Situation versetzen und den Schmerz verstehen, den du gerade fühlst und erduldest. Ob dieses Leid nun durch Umstände oder durch andere Menschen ausgelöst wurde, eines ist sicher: Bevor diese Tragödie in dein Leben kam, musste sie zunächst an der souveränen Hand Gottes vorbei.*

*„Und gesegnet bist du ..."*